Novélisation : Catherine Kalengula.
D'après un scénario écrit par : Jeremy Zag
et Bettina Lopez-Mendoza.
Mise en page : Laura Borée.
Hachette Livre, 58, rue Jean Bleuzen, 92178 Vanves Cedex
Achevé d'imprimer en juin 2023 par Pollina en France - 43544.
Dépôt légal : juin 2023.
Loi n°49-956 du 16 juillet 1949 sur les publications
destinées à la jeunesse. Édition 01.

ZAG HEROEZ

Miraculous™ LE FILM

hachette
JEUNESSE

Cette histoire débute avant que Marinette et Adrien ne deviennent deux super-héros. Voici comment tout a commencé.

Et comment tout pourrait se terminer…

“ Croyez-vous en l'existence de la magie ? Je suis Wang Fu, le gardien de bijoux magiques nommés Miraculous. Parmi ceux-ci, l'un d'eux est plus redoutable que les autres car il crée des akumas.
À ma grande honte, j'ai perdu ce Miraculous. Si jamais il tombe entre de mauvaises mains, le monde pourrait courir un grave danger ! Seuls deux héros seront capables de l'arrêter… ”

C'est la rentrée, et Marinette se sent nerveuse. Ses camarades se moquent souvent d'elle à cause de sa maladresse. À son arrivée devant l'établissement, elle renverse la boisson que tenait Chloé Bourgeois, la fille du maire de Paris.
– Tu. As. Saccagé. Mon pull Gabriel Agreste, s'emporte celle-ci.
– Je suis si… tellement…, bredouille Marinette.
Heureusement, une fille vient la sortir de cette situation délicate.

– Tu n'étais pas obligée de faire ça, lui dit Marinette, tandis qu'elles entrent ensemble dans l'établissement.
– Oh, désolée ! lui répond l'inconnue. Est-ce que je devais prendre un ticket pour faire la queue parmi les amis qui veulent t'aider ? Je plaisante ! Je m'appelle Alya.
– Merci. Mon nom est… Marinette.
Alya n'a pas peur de sa maladresse, au contraire. Cette apprentie journaliste adore l'action, et avec sa nouvelle amie, elle risque bien d'être servie !

Au musée du Louvre, le conservateur a trouvé un bijou qu'il s'empresse de montrer au célèbre couturier, Gabriel Agreste.
– C'est ce que vous espériez ?
– Bien davantage, se réjouit Gabriel.
Et pour cause ! Ce bijou magique est un Miraculous qui lui permet de devenir le redoutable Papillon ! Grâce à ses pouvoirs, il va essayer de réaliser son vœu le plus cher : redonner vie à son épouse, Émilie.

Plus tard dans la journée, Marinette se réfugie à la bibliothèque pour échapper une nouvelle fois à Chloé. Elle y croise un garçon blond si craquant qu'elle en perd ses mots.
Hélas, Chloé la poursuit à sa sortie du collège !
En s'enfuyant, Marinette aperçoit un vieil homme planté au milieu de la circulation. Sans réfléchir, elle fonce le sauver.
– Tu… tu as risqué ta vie pour moi ? s'étonne-t-il.
Attends une seconde. C'est toi ! Il faut que tu m'accompagnes.
Toujours pourchassée par Chloé, Marinette préfère déguerpir…

Elle trouve refuge dans une arrière-boutique déserte. Enfin, déserte, pas vraiment ! Il y a une coccinelle. En voulant l'attraper, Marinette trouve une paire de boucles d'oreilles. Puis une étrange petite créature apparaît.

– Je suis Tikki, le Miraculous de la création. Enchantée de te rencontrer, Marinette.

Elle prétend que Marinette doit devenir une super-héroïne nommée Ladybug. La jeune fille a beau lui répondre qu'elle n'en est pas capable, le kwami la transforme quand même !

De son côté, Adrien Agreste, le garçon blond que Marinette a croisé à la bibliothèque, est rentré chez lui. C'était l'anniversaire de sa défunte mère, aujourd'hui... Plongé tant bien que mal dans ses devoirs, il entend soudain un bruit. Puis il découvre une mystérieuse chevalière, posée sur le sol...
Pendant ce temps, non loin de Notre-Dame, un homme s'apprête à vivre l'évènement le plus important de sa vie.
– Je l'ai su dès notre rencontre, confie-t-il à sa bien-aimée. Mon amour, acceptes-tu de m'épouser ?
– C'est parfait, Raymond, lui répond-elle, en larmes. L'endroit, la musique, mais... j'aime quelqu'un d'autre ! Je suis désolée...

Sur ces mots, elle s'enfuit, tandis que bam !
Le cœur de l'homme se brise en morceaux.
– Plus jamais je n'aimerais qui que ce soit ! promet-il, en entrant dans la cathédrale.
Ah, tant de colère ! Tant de chagrin !
Une proie de choix pour le Papillon…

Devenue Ladybug, Marinette ne sait pas comment utiliser son yoyo magique. Et voilà que celui-ci s'enroule autour d'elle, avant de l'entraîner droit vers la cathédrale Notre-Dame.
Là, elle rencontre un garçon vêtu d'une combinaison noire.
– Mon nom est Chat Noir. Je suis le nouveau héros du coin. Prêt à sauver le monde.
Soudain, un grondement terrifiant résonne. Il vient d'un monstre ailé et griffu qui ressemble à une énorme gargouille vivante !

– Est-ce que tu as un plan ? demande Ladybug.
– Un plan ? se moque-t-il. Ha ! Est-ce que j'ai un plan ? Ha ! J'ai mieux que ça ! Je possède neuf vies ! Le pouvoir de destruction, la vision nocturne, des sens aiguisés. Rien ne peut me surprendre ! Sans parler de mon arme… Ce machin tout-en-un… Prêt pour la bataille !
Sans s'en rendre compte, il touche la tête de la créature avec son bâton télescopique.
– COOOURS ! hurle-t-il, en prenant la poudre d'escampette.

La bataille se poursuit dans les airs, puis dans les tunnels du métro, tandis que les deux super-héros débutants essaient de rester en un seul morceau. D'un jet de yoyo, Ladybug sauve Chat Noir qui avait chuté sur les rails. Ils entrevoient ensuite un étrange papillon noir dans le ciel.

– C'était quoi ? demande Ladybug.

– Un akuma, répond une voix derrière eux.

Ça alors, il s'agit du vieil homme secouru un peu plus tôt par Marinette !
– C'est qui, lui ? interroge Chat Noir.
– Avant de vous demander qui je suis, demandez-vous plutôt qui VOUS êtes, répond Maître Fu. Toi, Ladybug, tu détiens le pouvoir de la création. Tandis que toi, Chat Noir, tu possèdes celui de la destruction.
Mais pour Marinette, c'en est trop. Elle ne veut plus jamais croiser Chat Noir de sa vie. Ni aucun super-vilain !

Le lendemain, elle accompagne Alya à la fête foraine qui se tient au jardin des Tuileries. Elle est bien décidée à oublier toutes ses mésaventures de la veille. Seulement, deux nouveaux super-vilains débarquent !
L'un d'eux est un mime, l'autre une magicienne.
Sauf qu'ils n'ont rien de gentils artistes de cirque !
D'un coup de baguette magique, la Magicienne donne vie aux poissons en plastique qui flottaient dans des bassines.

Le mime s'amuse bien lui aussi. Une petite explosion par ci, une petite explosion par là. Boum ! La grande roue vacille, avec Chloé et Sabrina à son bord. Le grand huit se fige en plein looping, laissant ses passagers – dont Nino et Alya – tête en bas. Abracadabra ! Les chevaux du carrousel quittent le manège, en bondissant furieusement sur leurs barres. Ah, voilà ce qui s'appelle une vraie fête !

Pour sauver ses amis, Marinette trouve le courage de se transformer, et elle est bientôt rejointe par Chat Noir. Ensemble, ils contrent une première attaque du Mime et de la Magicienne. Mais celle-ci agite sa baguette magique au-dessus du grand huit, et les wagons se mettent à foncer dans les airs ! Le monstre de ballons qu'elle a créé pousse ensuite la grande roue !
Pendant que Chat Noir tente de l'arrêter, Ladybug vole au secours des passagers du grand huit. Maintenant, comment se débarrasser du géant de ballons ? En scrutant les alentours, Ladybug aperçoit le musée du Louvre, ainsi que sa pyramide en verre.

— J'ai une idée ! affirme-t-elle.
Les deux super-héros parviennent à diriger la grande roue vers le monstre qui se retrouve coincé contre la pyramide. Paf ! La créature éclate ! Juste après, les deux akumas quittent leurs proies. Mission accomplie !

Maintenant que Chat Noir et Ladybug ont réussi à s'entendre, ils forment une super équipe. Une équipe qui les semaines suivantes, combat sans relâche les super-vilains envoyés par le Papillon. Et à force d'essuyer des échecs, leur ennemi semble abandonner la partie…
Pourtant, un soir, Marinette reçoit un appel de Chat Noir qui lui demande de le rejoindre au théâtre. Il n'y a aucun super-vilain en vue. Juste un piano.
– Waouh, je parie que c'est ici que tu emmènes tes petites amies ? plaisante-t-elle.

– En fait, je n'ai jamais emmené personne, me confie-t-il. Après le décès de ma mère, je ne voulais plus être proche de qui que ce soit.
Il s'installe au piano, avant de se mettre à chanter. Il dit à Ladybug qu'elle sauve le monde chaque jour, avec mon masque, mais que la fille qui se cache derrière a sauvé son cœur.
Malheureusement, le cœur de Marinette bat pour quelqu'un d'autre !

Et le lendemain, quand Marinette invite Adrien pour le bal, celui-ci refuse. Son cœur à lui aussi bat pour quelqu'un d'autre ! De retour chez elle, la jeune fille attristée se réfugie sur sa terrasse.
C'est alors que l'orage se met à gronder.
Transformée en Ladybug, elle découvre une vision sinistre : bâtiments détruits, voitures renversées. Déterminé à en finir, le Papillon s'est akumatisé lui-même !
Ladybug lutte de toutes ses forces contre l'impressionnant nuage d'akumas. Mais les papillons maléfiques sont beaucoup trop nombreux, et elle se retrouve violemment projetée sur le sol.

Chat Noir arrive enfin.
– On dirait que tu as besoin de moi, finalement ? plaisante-t-il.
– On n'est pas de taille, l'informe Ladybug.
– Je prends le relais à partir de maintenant, décrète-t-il.
Sur ces mots, il escalade la tour Eiffel, en esquivant les attaques. Leur ennemi juré l'attend au sommet. Il porte d'immenses ailes de papillon et il semble plus haineux que jamais !

Chat Noir essaie de se battre, en vain. Et la tour Eiffel s'effondre sous ses pieds !
Lorsqu'il fait une chute vertigineuse dans la Seine, Ladybug plonge pour le ramener à terre. Mais le Papillon s'empare de ses boucles d'oreilles. Grâce à son terrible pouvoir, il soulève ensuite Chat Noir dans les airs.
– Aide-moi, Ladybug, supplie ce dernier.

Tant pis si elle s'est détransformée, elle doit le sauver ! Se jetant sur lui, elle le libère de l'emprise du Papillon. Puis ils dégringolent chacun de leur côté. De là où elle se trouve, Marinette voit le Papillon agripper Chat Noir, dont le masque s'est déchiré.

– Adrien ? constate-t-il, sidéré.

Redevenu Gabriel Agreste, il confie la raison de ses actes : ramener la mère d'Adrien parmi eux. Bouleversés, père et fils s'étreignent, sous le regard ému de Marinette.

Puis Tikki la rejoint en douce. Et c'est en Ladybug que la jeune fille s'éloigne, ni vue, ni connue…

Avec tout ça, Marinette a presque failli oublier le bal masqué !
À son arrivée à l'Opéra, elle retrouve ses amis.
– Waouh ! s'exclame Alya, en la voyant. Regardez-moi cette robe !
– Ouais, elle est stylée ! approuve Nino.
Mais la jeune fille n'a qu'une hâte : retrouver Adrien. Elle n'a pas cessé d'y penser depuis qu'elle a découvert la véritable identité de Chat Noir.
Planté seul à l'extérieur, Adrien observe sa chevalière, d'un air triste.

– Tu me manques tellement Ladybug, murmure-t-il. Le monde est en paix, mais mon cœur continue d'être dans la tourmente.
– Chat Noir ? l'appelle Marinette.
– Bonsoir Marinette, répond Adrien.
Elle avance pas à pas vers lui, puis elle attrape le masque qu'il porte pour la soirée, avant de le poser sur son propre visage.
– Ou tu peux m'appeler Ladybug ?
Lorsqu'ils s'enlacent, ils ne sentent plus ni le vent froid, ni les flocons de neige qui tombent sur eux…